W0355945

Sven Hannawald

KATHRIN ZEILMANN
SAMMY MINKOFF

COPRESS SPORT

Inhalt

SIEMENS
mobile
ATOMIC
ROSSIGNOL
BISCHOFSHOFEN

FISCHER
FISCHER

ROSSIGNOL
Audi
Milka
50
ROSSIGN

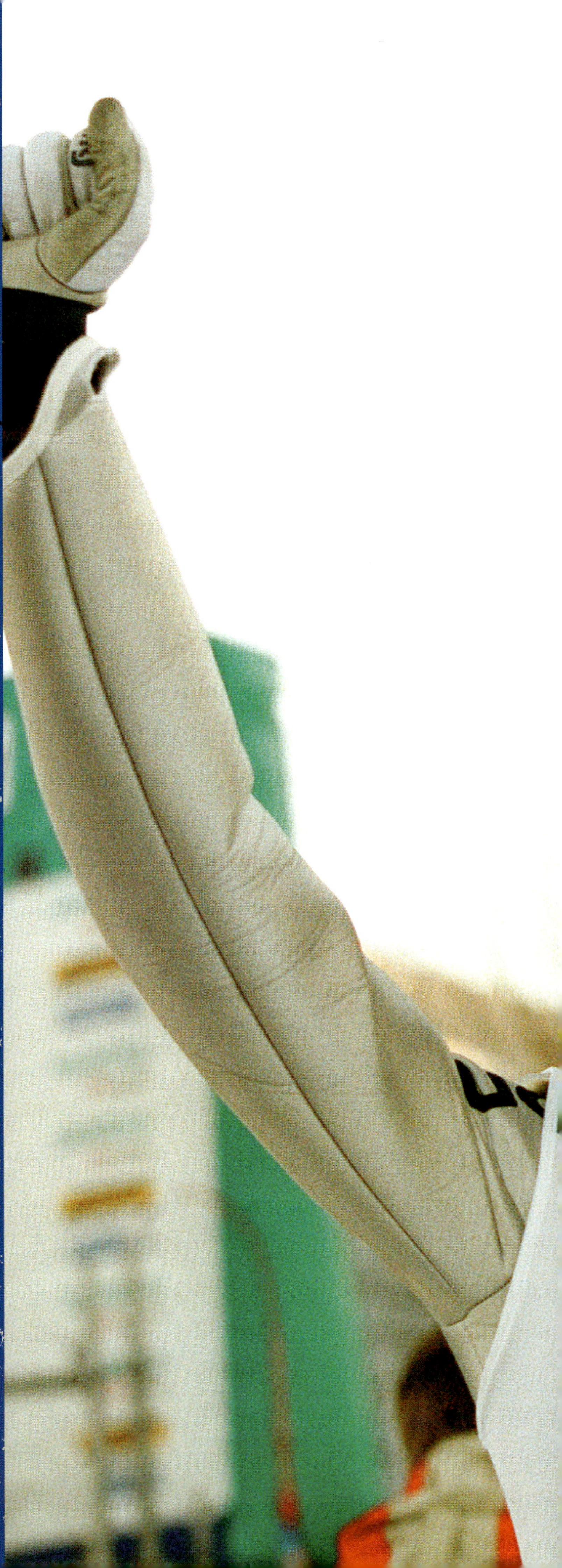

Es war am 6. Januar 2002 um 15.57 Uhr in Bischofshofen. Die Skier von Sven Hannawald berührten nach Sekunden in der kalten, klaren Bergluft wieder den Schnee. Er war innerhalb dieser Sekunden zur Sport-Legende geworden: Mit dem Sieg beim vierten und letzten Springen der Vierschanzentournee schaffte es Hannawald als erster Springer aller Zeiten, alle vier Wettbewerbe der Vierschanzentournee zu gewinnen. Sven Hannawald ist auf dem Höhepunkt seiner sportlichen Laufbahn angelangt.

»Ich habe immer noch nicht so richtig begriffen, was ich vollbracht habe. Wahrscheinlich werde ich das mein ganzes Leben nicht begreifen.«

Sven Hannawald

Jubelnd fiel er seiner Schwester Jeanette und seinen Eltern Andreas und Regina in die Arme, seine Trainer Reinhard Heß und Wolfgang Steiert trugen ihn auf ihren Schultern. Viele tausend Zuschauer an der Schanze und 13 Millionen Menschen vor dem Fernseher sahen Hannawalds beispiellosen Triumph.

Das Wunder der 50. Vierschanzen-tournee

Sven Hannawald schafft den Skisprung-Grand-Slam

IEMENS
mobil
ROSSIGNOL
4
CHANZEN
OURNEE
BISCHO
OFEN
Quam
CARRERA
50
BISCHOFSH
ATOMIC
mobil
3
BISCHOFSHOFEN
Hasseröder
reusch

Das ist Freude pur: Sven Hannawald bejubelt seinen Sieg beim Auftaktspringen in Oberstdorf und 22 000 Zuschauer freuen sich mit ihm. Bei seinem ersten Streich verweist er den Österreicher Martin Höllwarth (links) und den Schweizer Simon Ammann (rechts) auf die Plätze (rechte Seite).

Sven Hannawald reist als deutsche Nummer eins zur Traditionsveranstaltung an. Martin Schmitt, der etatmäßige Siegspringer im Team Deutschland, ist in einer Formkrise und hat den Gesamtweltcup eigentlich schon abgehakt. Der Pole Adam Malysz scheint wie im vergangenem Winter zu dominieren. Zahlreiche Zuschauer, viele Medienvertreter erwarten Top-Platzierungen aus deutscher Sicht nun von Sven Hannawald, der in Titisee-Neustadt in dieser Saison bereits einen Weltcup-Sieg feiern konnte.

**Wird er, der ewige Zweite, diesem Druck standhalten können?
Er kann es.**

Bei strahlendem Sonnenschein an der Schattenbergschanze in Oberstdorf gewinnt er das Auftaktspringen der Tournee vor dem Österreicher Martin Höllwarth. Ausgelassene Freude herrscht bei den 22 000 Zuschauern und natürlich beim Sieger selbst: »Das ist ein großer Tag für mich.« Und Bundestrainer Heß war stolz auf den unbedingten Siegeswillen seines Schützlings. »Sven wollte diesen Erfolg,« sagt der Coach.

»Sven wollte diesen Erfolg.«
Reinhard Heß

Ein vor Selbstbewusstsein nur so strotzender Sven Hannawald erklärt nach dem Sieg in Oberstdorf: »Ich bin mit meiner Leistung riesig zufrieden, obwohl noch mehr Potenzial in mir steckt. Es war nicht leicht, sich bei diesem Trubel auf die Technik zu konzentrieren. Die perfekten Sprünge kommen noch.«

Schon bei der nächsten Tournee-Station in Garmisch-Partenkirchen kann Hannawald seine hervorragende Form erneut unter Beweis stellen. Er holt sich auch den zweiten Tagessieg bei der Vierschanzentournee und verweist Andreas Widhölzl aus Österreich und Adam Malysz auf die Plätze.

Und wieder jubelt »Hanni« so ausgelassen wie in Oberstdorf: Er tanzt nach dem Siegsprung ausgelassen mit den Skiern im Auslauf. Während des Springens steht er unter Strom, danach fällt alle Anspannung von ihm ab, er lässt seinen Emotionen freien Lauf.

Hannawald, der »Lucky-Loser« vom Neujahrsspringen in Garmisch-Partenkirchen

Beinahe wäre das Neujahrsspringen noch zur Zitterpartie geworden. Sven Hannawald hatte – wie übrigens auch an den anderen Tournee-Orten – auf das Qualifikationsspringen verzichtet. Wegen seiner

Sven Hannawald fliegt zum Sieg beim Neujahrsspringen in Garmisch-Partenkirchen. Der Auftakt ins Jahr 2002 könnte nicht besser sein.

Platzierung unter den besten 15 des Weltcups ist er sowieso für den Wettkampf qualifiziert. »Ich will meine Kräfte schonen, die brauche ich hier noch. Es ist besser, den Akku zu laden«, begründet er seine Entscheidung. Beim K.o.-Duell mit dem Sieger der Qualifikation, Andreas Widhölzl, unterliegt Hannawald, er kommt nur dank der »Lucky-Loser«-Regelung (die fünf »besten Verlierer« erreichen ebenfalls den zweiten Durchgang) dennoch ins Finale. »Ich wusste, das es ein schönes Duell wird, doch ich war nahe am Herzinfarkt«, gesteht er. Aber er ist nervenstark und hat die Situation im Griff. Mit Tagesbestweite (125 Meter) im zweiten Durchgang lässt er der Konkurrenz keine Chance. Schon jetzt liegt er in der Gesamtwertung 20 Punkte vor Malysz, der Tourneesieg ist in greifbare Nähe gerückt.

So fliegt »Hanni« in Innsbruck von der neuen Bergisel-Schanze:
Stilistisch einwandfrei und weiter als die Konkurrenz.

ROSSIGNOL
HANNI
YOU ARE A
SEXBOMB
SIEMENS
mobile
Quam
50

In Innsbruck wartet eine neue Schanze. Die Anlage dort war komplett umgebaut worden. Während andere Nationen dem unbekannten Bakken etwas skeptisch gegenüber stehen, ist Hannawald zuversichtlich: »Auf jeden Fall bin ich froh, dass die Schanze in Innsbruck umgebaut wurde und nun weitere Sprünge zulässt. Denn auf dem alten Bock bin ich nicht so gut zu Recht gekommen.«

Der Führende der Gesamtwertung zieht eine kleine Zwischenbilanz. In einem Hotel in Grainau nahe Garmisch-Partenkirchen haben sich viele Journalisten versammelt, mehr denn je steht Sven Hannawald wieder im Licht der Öffentlichkeit. »Ich bin absolut überrascht, dass es so gut geht,« bekennt er. Er habe gehofft, dass er locker bleiben und dem Druck standhalten kann, aber nie wirklich damit gerechnet, zweimal zu gewinnen.

Nach Innsbruck Gesamtsieg fast sicher

»Sven hat seine Hausaufgaben im Kraftraum erledigt«, lobt Heimtrainer Wolfgang Steiert, »und er hat die technisch besten Sprünge im Weltcup«.

Innsbruck. Die Schanze liegt »Hanni«, er überzeugt im Training und lässt wie immer die Qualifikation aus. Auf der neuen Bergisel-Schanze präsentiert er sich souverän, seine Sprünge sind nahezu perfekt. 134,5 und 128 Meter bringen ihm den Sieg vor Malysz und Martin Höllwarth. Der Sieger findet nur einen Ausdruck für seine Leistung: »Sensationell«.

Erst schlägt er fast fassungslos die Hände vor das Gesicht, dann fällt er jubelnd in den Schnee. Vergessen sind alle Zwistigkeiten zwischen deutschen und österreichischen Fans, die die Tournee jahrelang bestimmt haben, der Jubel um »Hanni« übertönt alles.

Der selbst kann es kaum fassen: »Diese fantastische Kulisse hat mich zusätzlich nervös gemacht. Aber ich bin hoch konzentriert geblieben. Ich habe keine Ahnung, wie ich das gemacht habe.« Fragt man ihn nach seinem ersten Sprung, gerät er fast ins Schwärmen: »Ich habe mich richtig in den Sprung reingelegt und bin zum ersten Mal richtig gelandet. Das war Genuss pur.«

Den Gesamtsieg hat er so gut wie sicher. Doch würde er es als erster Springer überhaupt schaffen, alle vier Wettbewerbe der Vierschanzentournee zu gewinnen?

Der Bundestrainer ist noch skeptisch. »Ich bleibe Realist und versuche, nicht zu träumen. Vier Siege

Sven Hannawald kann sich bei der Vierschanzentournee eindrucksvoll im Vordergrund platzieren. Den anderen Favoriten, wie etwa dem Weltcup-Führenden Adam Malysz (hinten), bleibt nur die Statistenrolle.

Fast andächtig ist Sven Hannawald nach dem Erfolg in Innsbruck. Den dritten Sieg im dritten Springen kann er kaum fassen. Dann noch einmal der Blick auf die Anzeigentafel ...
... Und dann die Gewissheit: Er hat es wieder geschafft!

wären ein Novum«, erklärt er. Und Hannawald? »Ich halte in Bischofshofen den Schanzenrekord. Die Anlage liegt mir. Die Kraft ist da, die Konzentration auch.« Aber er versucht auch, die Euphorie ein wenig zu bremsen: »Letztendlich wird man am 6. Januar sehen, was in den Ergebnislisten steht. Ich setze mich nicht unter Druck.«

Der dortige Veranstalter aber hat schon reagiert. 50 000 Euro soll es zusätzlich für Sven Hannawald geben, wenn er tatsächlich den »Grand Slam« schafft.

Konzentration pur – Sven Hannawald auf dem Weg zum Schanzenturm in Bischofshofen. Wird ihn sein letzter Sprung den vierten Sieg im vierten Springen bescheren? Nach Schanzenrekord auf 139 Meter im ersten Durchgang reicht eigentlich ein »Sicherheitssprung«.

Die Anspannung ist enorm, als er und sein Team in Bischofshofen anreisen. Alles wartet auf den vierten Sieg. Hannawald bleibt cool. Er springt gut im Training und anstatt die Qualifikation zu springen, erholt er sich im Hotel. Dann ist der Tag der Entscheidung angebrochen. 35 000 Zuschauer sind an die Paul-Ausserleitner-Schanze gekommen, um ein Stück Sportgeschichte mitzuerleben. Und schon im ersten Durchgang macht Sven Hannawald alles klar. Mit einem Sprung auf 139 Meter verbessert er seinen eigenen Schanzenrekord, den er bei der WM 1999 aufgestellt hat und springt den weitesten Tournee-Sprung aller Zeiten. 131,5 Meter im Finale reichen, um den Finnen Matti Hautamaeki und Martin Höllwarth auf Distanz zu halten. Grenzenloser Jubel, ein Sven Hannawald, der erst fassungslos ist und dann seiner Freude freien Lauf lässt, begeistert ganz Deutschland.

»Er hat einen Mythos zerstört«
Anton Innauer

Und er ist erleichtert: »Ich bin froh, dass es endlich vorbei ist. Noch einen Tag länger, dann wäre ich gestorben oder hätte übermorgen eine Glatze. Die zehn Tage, die wir jetzt unterwegs waren, waren extrem.«

Die Skisprung-Welt verneigt sich vor Sven Hannawald. »Er hat einen Mythos zerstört«, stellt Österreichs Cheftrainer Anton Innauer fest, und Vorjahressieger Adam Malysz meint: »Sven ist ein very good Springer.«

Ein Fahnenmeer für »Hanni« – Tausende von Fans warten auf ihren Helden der Lüfte.

SIEMENS
mobile
ORF
DIE
mobile
ROSSIGNOL
silvretta
Quam
mobile
50
BISCHOFSHOFEN
FIS WORLD

Der Bundeskanzler gratulierte sofort per Fax

Am Abend wird auf der Oberforstalm gefeiert. Martin Schmitt, der Österreicher Andreas Goldberger und Co-Trainer Wolfgang Steiert stoßen gemeinsam mit Hannawald an. Und der Champion hat nach zehn Tagen unter enormer nervlicher Anspannung und körperlicher Belastung nur noch einen Wunsch: Schlafen. Aber das scheint fast unmöglich. Die Begeisterung, die Sven Hannawald ausgelöst hat, hat sogar den Bundeskanzler angesteckt, er gratuliert gleich nach dem Springen per Fax. Unzählige Interview-Anfragen prasseln auf das Management ein, TV-Stationen wollen den Tournee-Helden in ihren Sendungen haben. Neue Sponsoren stehen Schlange, doch Sven Hannawald will sich weiterhin nur auf den Sport konzentrieren und lehnt die TV-Angebote ab.

Der Haushalt wartet

Sein Programm bis zum nächsten Weltcup sieht anders aus: »Auspacken, Waschen, Schlafen, wenn die Wäsche trocknet und Einpacken. Die Zeit ist für einen ordentlichen Hausmann wie mich ziemlich knapp«, erzählt er. Und während der Siegesfeier ist er manchmal ganz nachdenklich, denn begriffen hat er seinen grandiosen Erfolg immer noch nicht.

»Ich habe einfach mein Zeug gemacht. Es ist ein Film, den ich ablaufen lasse.«

Sven Hannawald

Gemeinsam trainieren, gemeinsam feiern: Heimtrainer Steiert (links) mit seinem erfolgreichen Schützling in Champagner-Laune (oben).
Sven Hannawald wird umringt von Journalisten und Gratulanten. Nach dem historischen Sieg ist er begehrt und beliebt wie nie (unten).

Ein ungeschriebenes Gesetz gebrochen

Es sind schon viele Skispringer zur Vierschanzentournee mit dem heimlichen Wunsch angereist, alle vier Springen zu gewinnen. Doch richtig aussprechen traute sich diese Hoffnung niemand. Es war das ungeschriebene Gesetz der Tournee: Niemand kann viermal gewinnen. Bis Sven Hannawald kam und das (fast) Unmögliche möglich machte.

Drei Siege bei der Tournee zu feiern, das haben schon mehrere Springer geschafft. Doch mit dem vierten Sieg hatte es nie geklappt.

Bei der zweiten Ausgabe der Tournee in den Jahren 1953/54 erreichte der Norweger Olav Björnstad den Hattrick mit Siegen in Oberstdorf, Garmisch-Partenkirchen und Innsbruck. In Bischofshofen wurde er Vierter.

Ein Sturz in Bischofshofen verhinderte, dass DDR-Star Helmut Recknagel 1958/59 erstmals vier Siege perfekt machen konnte.

Ein Jahr später reihte sich der bundesdeutsche Max Bolkart in die Liste der »Hattrick«-Springer ein.

Die Norweger Toralf Engan (1962/63), Björn Wirkola (1966/67 und 1968/69) und Ingolf Mork (1970/71) brachten trotz dreier Erfolge ebenfalls das Kunststück nicht fertig, vier Einzelsiege zu landen.

Ebenso scheiterten die beiden Österreicher Karl Schnabl (1974/75) und Anton Innauer (1975/76).

Schon gleich beim ersten Springen verspielte sich Jens Weißflog 1983/84 die Chance auf den Grand-Slam. Er musste sich beim Auftakt seinem Landsmann Klaus Ostwald geschlagen geben, gewann aber danach die restlichen drei Wettbewerbe. Aber einen anderen Rekord hält der »Floh vom Fichtelberg« nach wie vor: Der kleine und schmächtige Sachse hat es bisher als einziger geschafft, die Vierschanzentournee viermal zu gewinnen.

Auch Matti Nykänen, in Hannawalds Kindertagen sein Vorbild, schaffte in Oberstdorf keinen Sieg, doch die restlichen Springen dominierte er bei der Vierschanzentournee 1987/88.

Bei der 40. Ausgabe der Traditionsveranstaltung (1991/92) wurde Nykänens Landsmann Toni Nieminen mit 16 Jahren der jüngste Gesamtsieger der Tournee überhaupt. Fast hätte er den »Grand Slam« geschafft, in Garmisch-Partenkirchen war der Österreicher Andreas Felder nur einen halben Punkt besser als Nieminen.

Der überragende Springer der Tournee 1997/98 war der Japaner Kazuyoshi Funaki. Er holte sich die Siege in Oberstdorf, Garmisch-Partenkirchen und Innsbruck und schien in einer so bestechlichen Form zu sein, dass sein Sieg in Bischofshofen für viele schon feststand. Aber ausgerechnet an diesem Tag ging der Stern eines bis dahin noch unbekannten Springers auf. Sven Hannawald gewann in Bischofshofen sein erstes Weltcupspringen und verhinderte damit, was ihm selbst vier Jahre später gelingen sollte: Vier Springen, vier Siege.

Dreimaliger Tagessieger war vor zwei Jahren Andreas Widhölzl aus Österreich. Schon zu Beginn der Tournee (in Oberstdorf gewann Martin Schmitt) musste er die Hoffnungen auf den »Grand Slam« begraben.

Die Skier werden fast liebevoll behandelt. Sven Hannawald weiß, wie viel Anteil sein Material am Erfolg hat.
Rechte Seite: Bereits in Titisee-Neustadt beim Weltcup hat Sven Hannawald gezeigt, wie gut er in Form ist. Trotz Disqualifikation im ersten Springen gewinnt er den zweiten Wettbewerb überlegen.

Warum ausgerechnet Sven Hannawald?

Die Gründe sind vielfältig. Man muss auch die Witterung berücksichtigen. An allen Sprungtagen war es sonnig und kalt. Es gab keine ungleichen Bedingungen, und unter diesen Voraussetzungen hat sich Sven Hannawald als der Beste präsentiert.

Die neue Schanze in Innsbruck kam den fliegerischen Qualitäten von Sven Hannawald entgegen. Denn je größer die Schanzen, desto besser fliegt »Hanni«. Auf der alten Bergisel-Schanze hätte er sich vermutlich schwerer getan.

Dazu stimmte sein Material. Neben seinen Skiern, die eine perfekte Symbiose mit dem Athleten bildeten, hat auch Techniker Peter Lange tief in die Trickkiste gegriffen. Über die Weihnachtstage hat der Wachs- und Schleifspezialist den Brettern des deutschen Teams einen völlig neuen Schliff verpasst. Skier, der geheime Schliff und Hannawalds Stil (er gilt als einer der elegantesten Springer) ergaben eine äußerst erfolgreiche Kombination.

Aber das Wichtigste: Nach der Krise in der vergangenen Saison ist Sven Hannawald mental und körperlich stark wie nie. Und sein erster Weltcupsieg in Titisee-Neustadt Anfang Dezember 2001 nach über 20 Monaten hat eine Kettenreaktion von Erfolgen ausgelöst: Er hatte wieder die Gewissheit, dass er mit den Besten mithalten kann, er konnte ohne Selbstzweifel und mit Top-Resultaten in Rücken die Reise zur Vierschanzentournee antreten.

Und er hat seine Nervosität im Griff: »Die Nervosität war extrem. Doch wenn man sieht, wie viele Fans unten stehen und einen anfeuern, kommt automatisch wieder die Motivation fürs Springen,« sagte er nach seinem legendären Sieg in Bischofs-

Rekordquoten bei RTL

Während der Fernsehübertragungen konnte der Privatsender RTL Rekordquoten verbuchen. Bei der Entscheidung von Garmisch-Partenkirchen beispielsweise am Neujahrstag waren 9,41 Millionen vor den Bildschirmen. Das bedeutet einen Marktanteil von 42,9 Prozent. Das letzte Springen in Bischofshofen verfolgten sogar 13,23 Millionen Zuschauer Dies brachte RTL den rekordverdächtigen Marktanteil von 52 Prozent.

hofen. Die Aufregung und das Kribbeln vor dem Springen kann Sven Hannawald in positive Energien umzusetzen. Er konzentriert sich auf seine Sprünge und auf sonst nichts. Wenn er seine Skier schultert und den Turm hinaufsteigt, denkt er nur an den Sprung. »Ich habe einfach mein Zeug gemacht«, hat er nach jedem Springen erklärt und damit einen Kultsatz geprägt. Sein »Zeug« ist der Ablauf von Sprung und Vorbereitung, »es ist ein Film, den ich ablaufen lasse«, sagt er.

Skispringen ist zu einer der beliebtesten Sportarten Deutschlands geworden – erst dank der Erfolge von Martin Schmitt und jetzt wegen der Glanzleistungen von Sven Hannawald. Er ist während der Vierschanzentournee ins Rampenlicht gesprungen.

Sven Hannawald ist zum Liebling der Nation geworden. Sein Satz »Ich habe einfach mein Zeug gemacht« wird von vielen – darunter Slalom-Olympiasiegerin Hilde Gerg – gerne zitiert. Die Fans lieben »Hanni«, er ist jetzt einer der beliebtesten Sportler in

Deutschland und wird in eine Reihe mit Boris Becker und Franz Beckenbauer gestellt. »Sven löst eine Euphorie aus. Er kann das Publikum einfach begeistern«, versucht sein ehemaliger Kollege und Freund Dieter Thoma die »Hannimania« zu erklären.

Das zahlt sich auch finanziell aus. Früher haben die Gewinner der Vierschanzentournee Pokale und Elektrogeräte bekommen, heute sind es stattliche Preisgelder. Die Popularität des Skispringens hat sich also auch auf den Bankkonten der Springer niedergeschlagen.

Für seinen historischen Sieg bekam Sven Hannawald alleine an Preisgeldern runde 330 000 Euro. Vom Veranstalter kassierte er bei jedem Wettbewerb 20 400 Euro, dazu kommen noch jeweils 25 500 Euro vom Deutschen Skiverband (DSV). Für den Gesamtsieg gab es vom Skiverband noch einmal 51 000 Euro und vom Veranstalter einen Audi im Wert von 45 900 Euro.

50 000 Euro ließen sich die Tournee-Veranstalter den »Grand Slam« kosten. Die Prämien der Sponsoren werden auf noch einmal zusätzlich rund 100 000 Euro geschätzt. Noch nie hat ein Skispringer bei der Vierschanzentournee soviel Preisgeld erhalten. Rechnet man das Preisgeld auf die Sekunden um, die Sven Hannawald bei der Tournee »geflogen« ist, macht das einen Sekundenlohn von 10 000 Euro.

Ein erfolgreiches Gespann: Jubelnd tanzen Co-Trainer Steiert (links) und Bundestrainer Reinhard Heß (rechts) durch den Schnee.

Die Karriere-Highlights des Überfliegers

Matti Nykänen war sein grosses Vorbild

FISCHER
FISCHER
FISCHER
FISCHER

In Johanngeorgenstadt im Erzgebirge waren wohl die meisten Jungen schon einmal auf Skier gestanden. Auch Sven Hannawald, der damals – seine Eltern waren noch nicht verheiratet – Pöhler hieß, schnallte sich Bretter unter die Füße und rutschte kleine Schanzen hinab. An seinen Plastik-Skiern hatte er als Vierjähriger wenig Freude. Damit ihn sein Vater Andreas Neue kaufen musste, versuchte er die Spitzen abzusägen. Mit sieben Jahren machte er seinen ersten richtigen Sprung.

Ein nordischer Kombinierter sollte er eigentlich werden, doch das Langlaufen in der Loipe machte ihm keinen Spaß. Schon als Kind träumte Sven vom Fliegen.

Fliegen, das war Freiheit. Hinter dem Eisernen Vorhang hatte der kleine Sven neben dem Skispringen noch einen anderen Traum von Freiheit. Trucker-Fahrer wollte er werden. Es sei, so erzählt er oft, damals einer der wenigen Berufe gewesen, in denen man die Grenzen der DDR verlassen konnte.

> »Trotz aller Probleme bewahrte sich Sven immer die Liebe zum Skispringen.«
>
> *Reinhard Heß*

Doch auch immer war in dem jungen Sven der Traum lebendig, ein großer Sportler zu werden. Deshalb wechselte er auf die Kinder- und Jugendsportschule in Klingenthal und machte dort den Realschulabschluss. Matti Nykänen aus Finnland, der beste Skispringer alle Zeiten, war sein Vorbild. Nykänen hat in den achtziger Jahren Medaillen bei Olympischen Spielen und Weltmeisterschaften gesammelt und zweimal (1982/83 und 1987/88) die Vierschanzentournee gewonnen.

Der Schwarzwald wird zur Wahlheimat

Dann kam die Wende. Hannawalds Eltern gingen 1990 in den Westen, der 16-jährige Sven blieb zurück – wegen dem Sport. Ein Jahr später zog auch er in die alten Bundesländer. Doch in Jettingen bei Ulm, wo seine Eltern Arbeit gefunden hatten, konnte er nicht Skispringen.

Das Skiinternat Furtwangen (»Skif«) im Schwarzwald ermöglichte es ihm, den Sport und eine schulische und berufliche Ausbildung zu kombinieren.

Er konnte trainieren und zu Wettkämpfen fahren, ohne dass seine Ausbildung darunter litt. So hat er neben den Anfängen seiner Laufbahn als Skispringer auch eine Berufsausbildung als Kommunikationselektroniker absolviert. Auch Martin Schmitt und dessen Bruder Thorsten (nordischer Kombinierer), sowie Christof Duffner und Hansjörg Jäkle haben das »Skif« besucht.

1992 feierte Hannawald einen ersten größeren Erfolg: Bei der Junioren-WM in Vuokatti holte er mit dem deutschen Team Bronze.

20 Jahre war er alt, als er auf Empfehlung des damaligen Nachwuchstrainers Peter Rohwein nach Hinterzarten zog. In dem kleinen Appartement, das er damals mietete, lebt er heute immer noch.

Mit seinem Skisprung-Kollegen Dieter Thoma aus Hinterzarten, der damals neben Jens Weißflog bester Skispringer Deutschlands war, hat er sich sofort angefreundet. Bei Familie Thoma fand der junge Sportler, der sich bei der Bundeswehr verpflichtet hatte, ein zweites Zuhause: Seine Hausschuhe standen im Flur des Hauses Thoma, er war ein gern gesehener Gast. Zusammen gingen die beiden Springer ihrem Hobby, dem Modellfliegen nach, und kochten oft gemeinsam. Bei Mannschaftsreisen teilten sich Thoma und Hannawald ein Doppelzimmer, der erfolgreiche Rotschopf war die Vertrauensperson Sven Hannawalds.

An der Grenze zur Magersucht?

Aber der sportliche Durchbruch ließ weiter auf sich warten. Einige achtbare Ergebnisse im Intercontinental-Cup, der »zweiten Liga« der Skispringer, und gute Platzierungen bei Deutschen Meisterschaften reichten nicht, um in den A-Kader aufzusteigen.

Dann die erste Krise: »Ich kam sportlich einfach nicht weiter. Mehr trainieren ging auch nicht, da dachte ich, Abnehmen ist die Chance«, sagt Hannawald heute. Er sprang nicht weit genug, er stürzte oft und verletzte sich. Vor der Saison 1995/96 hungerte er sich von 70 auf 61 Kilogramm – eine Gewaltdiät. Aber die Gleichung »leicht fliegt weiter« ging nicht auf. Im Gegenteil – Sven Hannawald schien am Ende seiner Kräfte, es kursierten Gerüchte, er habe Magersucht.

Er erkannte, dass er zum Skispringen sowohl mentale als auch körperliche Stärke brauchte und

Die Erfolge von Sven Hannawald haben natürlich auch bei seiner Familie Begeisterung ausgelöst: Mutter Regina (links), Schwester Jeanette (Mitte) und Vater Andreas (rechts) haben ihn bei der Vierschanzentournee angefeuert.

nahm wieder einige Kilo zu. Der Deutsche Skiverband (DSV) wollte das ewige Talent Hannawald schon aussortieren. »Wie lange wollt ihr den noch mitschleppen?«, hätten die Verbandsfunktionäre immer ungeduldig gefragt, blickt Bundestrainer Reinhard Heß zurück, aber er und Heimtrainer Wolfgang Steiert glaubten an Sven Hannawald, er bekam noch eine Chance.

Heß: »Trotz aller Probleme bewahrte sich Sven immer die Liebe zum Skispringen.«

Die Begeisterung und Liebe für seine Sportart und das Vertrauen der Trainer setzten bei Hannawald neue Kräfte frei.

Neben der Vierschanzentournee 2001/02, die er mit vier Einzelsiegen überragend gewann, wird ihm vor allem auch die Tournee 1997/98 in Erinnerung bleiben.

Ein fünfter Platz beim Auftakt in Oberstdorf machte die Öffentlichkeit zum ersten Mal auf den großgewachsenen jungen Wahlschwarzwälder aufmerksam, der bislang nur eine Nebenrolle in der deutschen Skisprung-Mannschaft gespielt hatte. Die hervorragende Platzierung war wie ein Befreiungsschlag. Es war eine Bestätigung: Ja, er konnte es tatsächlich schaffen, mit den Besten der Welt mitzuhalten.

In Bischofshofen wurde er zum Star

Und da in dieser Saison Olympische Spiele anstanden, hatte es der »Nobody« doch tatsächlich geschafft, sich für die Spiele in Nagano zu qualifizieren. Rang zehn an Neujahr in Garmisch-Partenkirchen, Platz zwei in Innsbruck. Und ausgerechnet in Bi-

Nicht jeder Sprung kann optimal sein – auch nicht der eines Sven Hannawald. Zumal der jetzige Überflieger vor seinen grandiosen Siegen mit vielerlei Problemen zu kämpfen hatte.

schofshofen, wo er vier Jahre später seinen bislang größten Triumph feiern sollte, schaffte er völlig überraschend seinen ersten Weltcup-Sieg. Und war wohl selbst am meisten überrascht: »Ich habe selbst nicht geglaubt, dass ich die unverhofft gute Platzierung von Oberstdorf noch so übertreffen kann. Diese Leistungsexplosion kann ich nicht erklären.«

Körper, Kopf, Material – endlich hatte alles zusammengepasst, endlich hatte er allen Kritikern bewiesen, dass er nicht das ewige Talent war, das es niemals in die Spitze schaffte.

Ein neuer Star war geboren. Anders als Jens Weißflog, der immer als Skispringer des Ostens galt, und Dieter Thoma, der für Skispringen im Westen stand, war Hannawald der erste richtige gesamtdeutsche Siegspringer. Auch vom Wesen her war er anders als der meist zurückhaltende Weißflog und der oftmals eigensinnige Dieter Thoma. Offenherzig, ein Lächeln im Gesicht und gut gelaunt präsentierte er sich den Medien und dem Publikum.

»Wenn es bei uns mal so ist, dass man dem anderen die Erfolge nicht mehr gönnt, nagle ich die Skier an die Wand.«

Sven Hannawald

Sven Hannawald eroberte die Herzen der Fans, und schon damals waren es vor allem junge Mädchen, die »Hanni« zu ihrem Traummann erkoren, ihn bei den Springen zujubelten und seine Poster im Zimmer aufhängten.

Mit der Silbermedaille bei der Skiflug-WM 1998 in Oberstdorf und dem Gewinn des Skiflug-Weltcups konnte Hannawald beweisen, dass seine Erfolge bei der Vierschanzentournee keine Eintagsfliegen waren.

Es zeigte sich damals, dass vor allem seine technischen Fähigkeiten und sein »Fluggefühl« für die guten Leistungen verantwortlich waren. Ein kräftiger Abspringer war er nie.

Die negativen Seiten der neuen Popularität bekam Hannawald recht bald zu spüren. Olympia stand vor der Tür, er galt als heißer Medaillenkandidat. Doch dem Druck konnte er nicht standhalten. Statt Edelmetall gab es in den Einzelwettbewerben lediglich die Plätze 14 und 48. Drohte ein neuerlicher Absturz? Konnte Hannawald doch nicht konstant gute Sprünge zeigen? Wieder belehrte er alle Kritiker eines besseren: Zusammen mit Dieter Thoma, Hansjörg Jäkle und Martin Schmitt holte er Silber im Mannschaftswettbewerb und war der wesentliche Leistungsträger im Team. »Endlich war ich wieder ich selbst und konnte zeigen, was ich drauf habe«, schilderte Hannawald erleichtert. »Die Einzel - springen waren chaotisch, aber mit dem Team hat's geklappt.«

Schmitt wird zum Topstar

In der Saison 1998/99 galt Hannawald am Anfang wieder als großer Hoffnungsträger, doch musste er sich bald in Reihe zwei verabschieden. Erst mit dem Sieg bei der Vierschanzentournee 2002 sollte er wieder alleine ins Rampenlicht rücken. Martin Schmitt nämlich sprang fulminant in die Weltspitze. Der junge Mannschaftskollege und Trainingspartner von Hannawald holte sich einen Weltcup-Sieg nach dem anderen, während die Leistungen von Sven Hannawald oder Dieter Thoma kaum mehr Beachtung fanden. Doch von Neid keine Spur: »Wir haben uns im Sport alles von unten aufgebaut. Wenn es bei uns mal so ist, dass man dem anderen die Erfolge nicht mehr gönnt, nagle ich die Skier an die Wand,« betonte Hannawald.

In seine Erfolgsbilanz konnte er dennoch eine Silbermedaille bei der WM in der Ramsau 1999 einfügen – Sieger war damals Martin Schmitt. Mit dem Gewinn von Team-Gold bei der WM wurden aus den Springern wahre Popstars.

Auf einmal sind die Popstars

Angeführt von Schmitt sicherten sich Hannawald, Thoma und Christof Duffner den Weltmeistertitel. Sven Hannawald lieferte damals den ersten Beweis seiner Nervenstärke, die ihm manchmal zu fehlen schien: Im ersten Durchgang stürzte er, alle Chancen auf eine Medaille schienen vergeben. Doch mit notdürftig geflickten Skiern sprang er noch einmal – Schanzenrekord und Gold für Deutschland. Die vier Weltmeister lösten eine noch nicht da gewesene Skisprung-Euphorie in Deutschland aus. Die »Springer-Boygroup« konnte sich vor Fans kaum erwehren, sie waren auf den Titeln der Jugendzeitschriften und wurden zu Deutschlands Mannschaft des Jahres gekürt. Die Mädchen kreischten, wenn sie Sven und Martin sahen, schrieben unzählige Liebesbriefe und die beiden mussten sich mit Bodyguards vor allzu aufdringlichen Fans schützen. Dazu kam die große Vermarktungswelle, die den Sportlern neue finanzielle Dimensionen eröffnete. Lukrative Werbeverträge wurden abgeschlossen und der Privatsender RTL zahlte Millionen für die Fernsehübertragungsrechte. Skispringen war auf dem besten Weg, die Formel 1 des Winters zu werden. Auch Sven Hannawald konnte sich nicht beschweren, er bekam ein ordentliches Stück vom großen Kuchen ab, der verteilt wurde. Ein professionelles Management kümmerte sich nun um ihn, der ehemalige Box-Star Henry Maske gab ihm Tipps und beriet ihn.

Die nächste Saison hätte eigentlich die des Sven Hannawald werden sollen.

ROSSIGNOL
Vergölst
Reifen-Autoservice
uvex
CARRERA
ELAN
WORLD CUP
AEG
45
ATOMIC
ATOMIC Jump
1
2
3

Beim Sommer Grand-Prix 1999 deklassierte er die Weltelite dermaßen, dass er beim letzten Springen im japanischen Sapporo sogar freiwillig einen kürzeren Anlauf als die Konkurrenten wählte, um nicht zu stürzen, wenn der Sprung zu weit geht.

Jedoch zwang ihn eine Bronchitis Anfang November zu einer Trainingspause.

Den Rückstand konnte er nicht mehr aufholen. Die Platzierungen zum Saisonauftakt, wo wieder Martin Schmitt alle überragte, waren enttäuschend. Und da war es schon fast verwunderlich, dass Hannawald bei der Skiflug-WM 2000 in Vikersund (Norwegen) die Nerven behielt:

wollten, behielt er die Nerven und holte sich mit dem Skiflug-Weltmeistertitel seinen ersten großen Einzelerfolg. Jedoch waren wohl auch seine extrem breiten Skier nicht unbeteiligt an seiner Überlegenheit. Und am Ende der Saison hat der Internationale Skiverband (FIS) diese Bretter verboten.

Mit Skiflug-Gold im Rücken gewann Hannawald drei Weltcup-Springen in Folge und wurde zum zweiten Mal Weltcupgesamtsieger im Skifliegen.

Für die Siege zahlte er einen hohen Preis. Psychischer Stress, Erwartungsdruck und eine verschleppte Virus-Infektion nagten an ihm und seinen Reserven.

Seinen ersten großen Einzeltitel errang Sven Hannawald mit diesem Flug bei der Skiflug-WM 2000 im norwegischen Vikersund.
Linke Seite: Einen Tag vor dem Sommer-Grand-Prix 1999 in Hinterzarten wurden die Deutschen Meisterschaften ausgetragen. In seiner Wahlheimat siegte Sven Hannawald vor Martin Schmitt und Frank Löffler.

In einem chaotischen Wettbewerb, der wegen schlechtem Wetter mehrmals verschoben werden musste und den schon einige Nationen boykottieren

Er war müde und entnervt. Sven Hannawald, sonst der Spaßvogel der Mannschaft, isolierte sich vom Team. Anstatt seine Siege zu feiern und sich zu freuen, verzog er sich immer gleich auf sein Zimmer. Skispringen schien ihm zum ersten Mal in seinem Leben keinen Spaß mehr zu machen.

Doch es sollte noch schlimmer kommen. Sven Hannawald wurde immer dünner, die Medien schrieben wieder von Magersucht. Ausgemergelt und gereizt stieg er in die Saisonvorbereitung ein, beim Sommer-Grand-Prix 2000 war Schluss. Hannawald war am Ende seiner Kräfte angelangt, die Trainer reagierten und verordneten ihm eine Pause.

»Ich konnte einfach nicht soviel essen, wie mein Körper brauchte. Mit Magersucht hat das aber nichts zu tun,« rechtfertigte er sich.

Nach einer mehrwöchigen Pause war Sven Hannawald entschlossen, wieder anzugreifen. Er hatte den Spaß am Springen und die Liebe zum Sport wieder entdeckt.

Mit letzter Kraft zum Mannschafts-WM-Titel

Nach durchwachsenen Leistungen im Weltcup und unzufriedenstellenden Materialtests reiste er 2001 mit gemischten Gefühlen zur WM nach Lahti (Finnland) an. Mit Platz sechs im Einzelwettbewerb von der Großschanze konnte er seine Silbermedaille aus der Ramsau nicht verteidigen. Und auf der Normalschanze verpasste er sogar das Finale der besten 30. Es bedurfte schon den Zuspruch des gesamten Teams, dass er seine Kräfte bündelte und der Mannschaft zum ersehnten Gold auf der Großschanze verhalf – und immerhin sprang er in beiden Durchgängen die Bestweite.

Nur eine Woche später beim Skifliegen in Oberstdorf erlebte man wieder einen müden und ausgelaugten Sven Hannawald. Ausgerechnet in seiner Paradedisziplin war er weit von den Weltbesten entfernt. Auf der Flugschanze, die ihm 1998 seine erste Medaille gebracht hatte, reichte es nur zu den Plätzen 13 und 25. Zu wenig für den amtierenden Weltmeister.

»Er ist körperlich fertig und zweifelt an sich selbst«, hatte Bundestrainer Heß damals festgestellt.

Die Konsequenz: Sven Hannawald beendete den Weltcup vorzeitig. Seine Sponsoren sahen das nicht sehr gerne, sein Ausstieg in der laufenden Saison kostete ihm die Verträge.

Aber die Entscheidung der Trainer und des Athleten hat sich im Nachhinein als die richtige herausgestellt. Heß meinte: »Sven hat diese Pause gebraucht. Er wird wieder zurückkommen.«

Gemeinsam wurden Sven Hannawald und Martin Schmitt (rechts) zweimal Mannschaftsweltmeister, doch als Schanzen-Held und Teenie-Liebling galt stets der vier Jahre jüngere Schmitt.

Er solle wieder richtig essen und in Ruhe Kräfte sammeln oder er könne seine Skier gleich in die Ecke stellen, mahnten Wolfgang Steiert und Reinhard Heß das Sorgenkind.

Für zwei Monate zog er sich zu seinen Eltern nach Jettingen bei Ulm zurück. Er konnte abschalten, musste nicht ständig an das Skispringen denken, ließ sich von seiner Mutter bekochen und legte drei Kilo zu. »Ich konnte völlig vom Skispringen abschalten,« so Hannawald, »und meine Mutter hat supergut gekocht.«

Den Absprung optimiert

So gestärkt konnte er schon frühzeitig mit dem konditionellen Aufbautraining starten. »Ich war nur noch ein Wrack«, erinnert er sich zurück an die schlimmen Wochen und Monate der Saison 2000/01. »Der Energiespeicher war leer. Und in meinem Privatleben habe ich mich immer deutlicher von meiner Umgebung isoliert, obwohl ich eigentlich kontaktfreudig und unternehmungslustig bin.« Auf die Hilfe eines Psychologen hat Hannawald in Absprache mit seinen Trainern verzichtet.

Ruhe und Entspannung haben sich letztendlich positiv auf seinen Körper ausgewirkt: Statt 36 Zentimeter konnte Hannawald nach der Erholungsphase und dem Krafttraining jetzt 50 Zentimeter aus dem Stand springen.

Er hat erkannt, dass in der heutigen Ära des Skispringens nicht nur Technik und Fluggefühl reichen, um erfolgreich zu sein. Immer mehr rückten auch Qualitäten am Absprung in den Vordergrund.

Kraft und Explosivität am Schanzentisch, wie es der polnische Weltmeister und Weltcupgesamtsieger 2001, Adam Malysz in beeindruckender Manier demonstrierte – das funktioniert nur mit genügend Reserven. Wer die beiden Eigenschaften Kraft und Technik perfekt kombiniert, kann gewinnen. Zudem benötigt der moderne Siegspringer auch psychische Fähigkeiten, um mit dem großen Druck, der durch das immer stärker werdende Öffentlichkeitsinteresse auf den Sportler lastet, fertig zu werden.

All diese Faktoren haben Hannawald und seine Trainer beachtet und aus ihn wieder einen Siegspringer geformt, der in der Saison 2001/2002 in der Form seines Lebens auftrumpfen sollte, sich selbst aber nie als Kraft- sondern immer noch als Gefühlsspringer sieht.

Der Absprung ist zwar verbessert, aber in erster Linie will er weiterhin seine Qualitäten während des Fluges nutzen: Er ist ein »Gleiter«, der mit der

Luft spielt und den Aufwind optimal in Weite umsetzen kann. Noch einmal wollte er angreifen, noch einmal zeigen, was er kann. Im Sommer 2001 schied er deshalb aus der Sportfördergruppe der Bundeswehr aus, um sich ganz auf den Sport konzentrieren zu können. »Das mindert den Stress«, sagte er. »Ich kann trainieren und zu Wettkämpfen fahren und ansonsten vor dem Fernseher entspannen.« Auf den Bundeswehr-Sold, der für zahlreiche Sportler den Lebensunterhalt bedeutet, war er dank der neuen Popularität des Skispringens nicht mehr angewiesen.

Die Parole für die Saison 2001/2002 hatte er früh ausgegeben: Er wollte an Martin Schmitt vorbeiziehen, »mit der Nummer zwei gebe ich mich nicht zufrieden.« Ein Wechsel der Skimarke sollte ihm zusätzlich Auftrieb verleihen.

Er sprang nun mit Brettern der Firma Rossignol. »Es musste einmal eine andere Farbe sein,« begründete er den Wechsel.

Angst vor einem neuerlichen Absturz hatte er nicht. Seine neue mentale Stärke könne ihn nicht mehr so weit zurückwerfen.

Vor dem Fliegen steht der Schweiß – Sven Hannawald beim Training auf dem Laufband und an den Gewichten (linke Seite).

Dort fühlt sich Sven Hannawald am wohlsten: In der Luft beim Fliegen.

Einen Beweis dieser Stärke lieferte er bei der zweiten Weltcup-Station in Titisee-Neustadt. Nur etwa 30 Minuten von seinem Wohnort Hinterzarten entfernt wollte auf der umgebauten Hochfirstschanze beim »Heimspiel« natürlich weite und schöne Sprünge zeigen. Im Training und in der Qualifikation zeigte er, wie gut er mit der Anlage zurechtkam und sprang eine Bestweite nach der anderen. Auch beim ersten Springen lag er nach dem ersten Durchgang in Führung.

Doch dann das: Entsetzt stellte er im Auslauf fest, dass er die Plombe an seinem Sprunganzug vergessen hatte. Wenn ein Anzug vom Internationalen Skiverband kontrolliert wurde, wird er gemäß den

Regeln mit einer Plombe versehen. Diese Plombierung dient als Zeichen, dass der Anzug den gültigen Regularien entspricht. Aber Sven Hannawald hatte sich seinen Anzug beim Hersteller selbst abgeholt und vergessen, die Plombierung zu überprüfen. Nach dem vielversprechenden ersten Sprung wurde er disqualifiziert. »Ich könnte mich ohrfeigen«, haderte er. »Gerade vor dem Heimweltcup war ich total nervös. Ich habe einfach vergessen, zu kontrollieren.«

Und selbst der sonst so beherrscht wirkende Bundestrainer schimpfte: »Ich bin stinksauer!«

Am Abend hatte sich der Pechvogel alleine aufs Hotel zurückgezogen, wollte niemanden sehen und sprechen.

Bang erwartete das Publikum das nächste Springen am folgenden Tag.

Niemand erwartete so recht, dass Sven Hannawald den Rückschlag leicht verkraften würde. Aber alle Befürchtungen waren umsonst. Er zeigte seine neue Nervenstärke und gewann souverän das Weltcupspringen und ließ sich von der heimischen Kulisse feiern.

Es war der erste Weltcupsieg nach über 20 Monaten. Druck und Anspannung waren von ihm abgefallen. »Ich bin total erleichtert und freue mich wahnsinnig,« jubelte Hannawald nach seinem ersten Erfolg der Saison.

Zur neuen mentalen Stärke gesellte sich jetzt auch ein starker Absprung. Beim Weltcup in Villach auf der Normalschanze landete er auf Rang vier. Sonst hatte er sich auf diesen kleinen Schanzen immer sehr schwer getan, weil er hier sein Fluggefühl nicht unter Beweis stellen konnte.

»Ich bin total erleichtert und freue mich wahnsinnig«
Sven Hannawald

Und spätestens seit seinem überragenden Sieg der Vierschanzentournee 2001/2002 wird niemand mehr an der mentalen und körperlichen Stärke Sven Hannawalds zweifeln. Henry Maske hat nach dem Triumph bei der Tournee festgestellt: »Sven ist ein ganz großer.«

Er kostet seine Erfolge aus, niemand im Weltcup jubelt so schön wie er. »Ich genieße es momentan, weil ich auch die andere Seite kenne«, sagt er.

Sven Hannawald weiß, dass es in einer Sportlerkarriere sowohl Licht als auch Schatten gibt und er hat beides durchlebt.

Der Kronprinz? Stephan Hocke (links) hat bereits im Teenager-Alter seinen ersten Weltcup gewonnen, Sven Hannawald dagegen musste lange auf seinen ersten Sieg warten.

64
Willingen
FISCHER

Full-Time-Job
Skispringer

Ein guter Wintersportler wird im Sommer gemacht

Moto-Cross als Abwechslung vom Trainings-Alltag: Sven Hannawald genießt die Kombination aus Geschwindigkeit und Akrobatik.

BÜSE
HONDA
MICHELIN

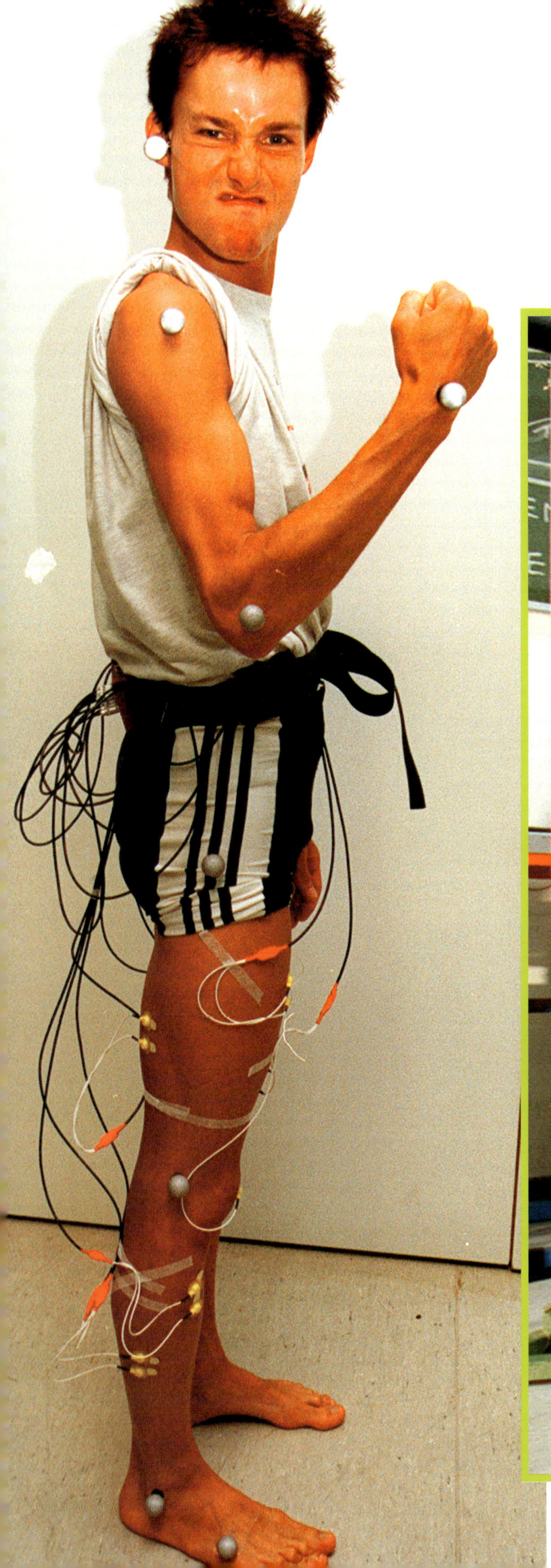

Um einen derartigen Erfolg wie Sven Hannawald zu schaffen, muss man hart trainieren. Obwohl Skispringen eine klassische Wintersportart ist, werden die Grundlagen zum Erfolg bereits im Sommer gelegt: Ein guter Wintersportler wird eben im Sommer gemacht.

Wenn das letzte Springen im Weltcup Ende März vorbei ist, dürfen sich die Sportler natürlich erst einmal regenerieren. Urlaub steht dann meistens auf dem Programm, aber auch einige Sponsoren- und Medientermine müssen für gewöhnlich absolviert werden. Viele Springer haben sich bei der Bundeswehr oder beim Bundesgrenzschutz in einer Sportfördergruppe verpflichtet und müssen deshalb gleich nach der Saison »antreten«. Auch Sven Hannawald war bis vor rund einem Jahr Sportsoldat, hat aber dann beschlossen, sich nur auf den Sport zu konzentrieren und schied aus der Armee aus.

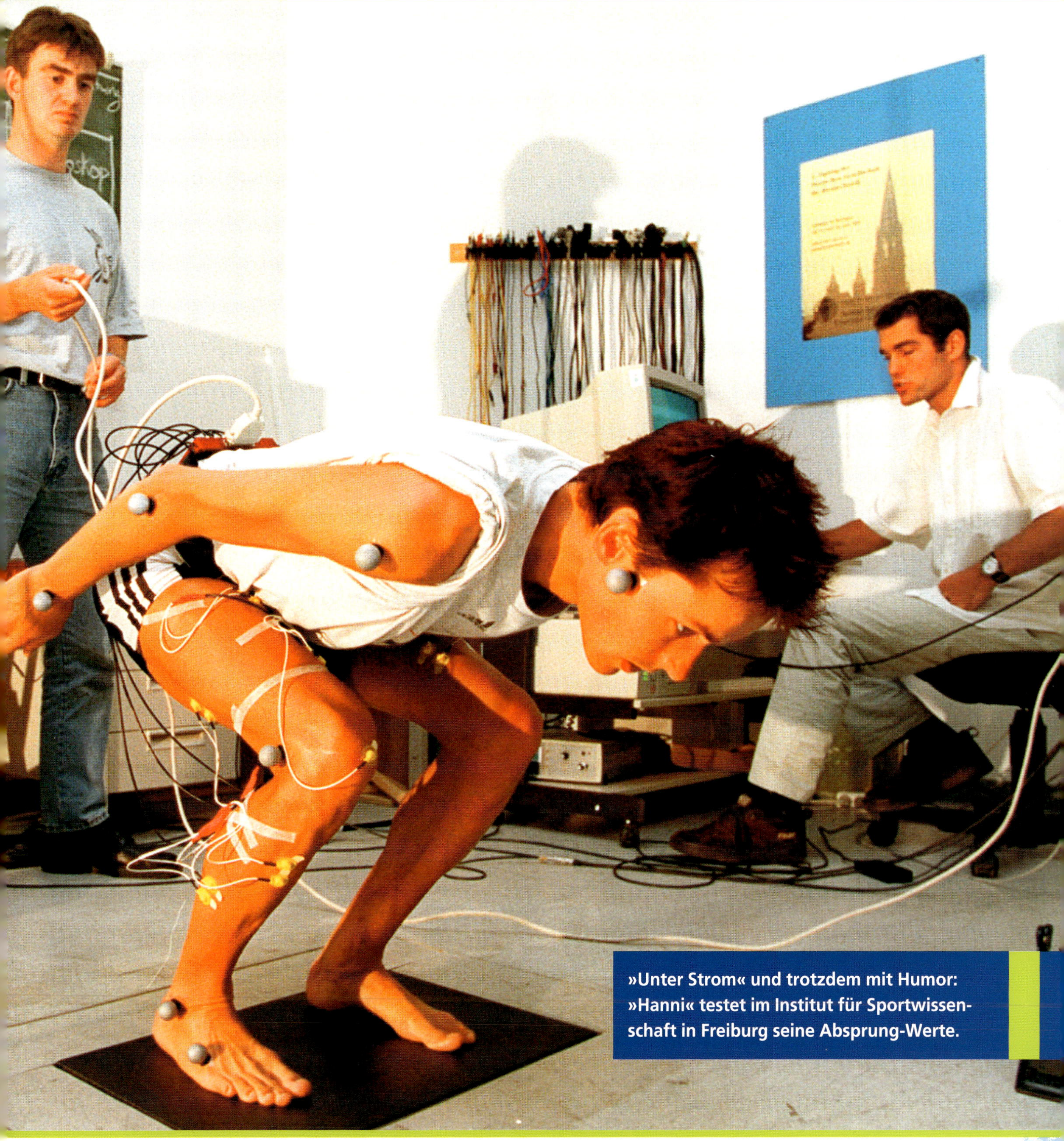

»Unter Strom« und trotzdem mit Humor: »Hanni« testet im Institut für Sportwissenschaft in Freiburg seine Absprung-Werte.

Richtigen »Urlaub« ohne Sport hat ein Springer aber meist nur zwei Wochen, im April beginnt bereits wieder das Krafttraining in den Stützpunkten.

Trotz dass man es den Skispringern nicht unbedingt ansieht – auch sie müssen sich ein athletisches Polster zulegen, um optimal springen zu können. Laufen, Hanteln stemmen, Sprungkraft verbessern – bereits im Frühjahr arbeitet ein Springer an seiner Form für den Winter.

Sven Hannawald trainiert in dieser Zeit zusammen mit Heimtrainer Wolfgang Steiert, der wie er in Hinterzarten wohnt, und den Kollegen aus dem Schwarzwald, wie etwa Martin Schmitt, Christof

Duffner, Alexander Herr und Hansjörg Jäkle.

Im Mai ist es dann endlich soweit: Sie dürfen wieder springen. Aber nicht gleich auf den großen Schanzen, auf denen die Weltcups stattfinden – das wäre zu gefährlich. Stattdessen machen die Athleten ihre ersten Sprünge in der Vorbereitung auf die neue Saison auf kleinen Schanzen, deren Kalkulationspunkt bei etwa 60 Metern liegt. »Immerhin sind sie sechs Wochen nicht gesprungen, da muss man sich erst wieder an die Schanzen gewöhnen. Auf kleinen Anlagen fällt das leichter und ist auch ungefährlicher«, erklärt Assistenz-Coach Henry Glaß.

Drei bis vier Trainingseinheiten (eine Trainingseinheit besteht aus sechs bis acht Sprüngen) werden auf der kleinen Schanze durchgeführt, dann wird schrittweise auf größere Bakken gewechselt, die natürlich alle mit Matten belegt sind. Das Sprungtraining findet meist mit der gesamten deutschen Weltcup-Mannschaft statt.

Gefeilt wird größtenteils an technischen Details, denn die Grundzüge des Skispringens hat der Weltcup-Kader natürlich im Griff. Sven Hannawald hat in der Vorbereitung auf die Saison 2001/02 vor allem an seinem Absprung gearbeitet, um mehr Explosivität am Schanzentisch entwickeln zu können.

Ohne Skier kann Sven Hannawald nur im Windkanal des Sponsors Audi springen. Hier werden bei Windgeschwindigkeit bis zu 160 km/h aerodynamische Tests durchgeführt. Und das bringt offensichtlich gute Laune – genau wie das Abseilen beim Abenteuer-Camp im Allgäu (linke Seite).

MACH1 KART
UNITED COLORS
OF BENETTON

Formel-1-Fan Sven Hannawald:
Auf der Kart-Bahn gibt's Action.

Sein strahlendes Lächeln und sein Erfolg machten ihn zum Teenie-Schwarm und Deutschlands gefragtestem Single.

Außerdem hat er einen doppelten Kraftaufbau hinter sich gebracht. Seine Trainer waren der Ansicht, sein Körper brauche mehr Reserven.

Action bei Extremsportarten

Bundestrainer Reinhard Heß und seine Co-Trainer bemühen sich um Abwechslung im Trainingsalltag. Und sie schrecken auch nicht davor zurück, ihre Springer andere Extremsportarten testen zu lassen.

Bei einem Abenteuercamp in Sonthofen (Allgäu) wanderte die gesamte Mannschaft an steilen Felshängen entlang, campierte in einer Höhle, balancierte auf Seilen, die zwischen zwei Bäumen gespannt waren und übten den »freien Fall« in die Tiefe. Skispringen ist eine Sportart im Grenzbereich, Heß wollte, dass seine Schützlinge auch einmal Grenzerfahrungen in anderen

Bereichen machen und daraus Erkenntnisse ziehen, die sie beim Skispringen anwenden können.

Der Spaß stand vor allem beim Moto-Cross, als Hannawald und Co. durchs Gelände brausten, oder beim Kart-Fahren, als sie sich auf die Spuren der Schumacher-Brüder begaben, im Vordergrund.

Schon fast zur Tradition sind eine Reihe von Benefiz-Fußballspielen geworden, bei denen die Springer auch ihre Qualitäten als Kicker unter Beweis stellen.

Eine erste Standortbestimmung bietet der FIS-Sommer-Grand-Prix. Anfang August startet dieser Wettbewerb, der aus einer Tour zu einigen Mattenschanzen in Europa und Japan besteht. Der Grand-Prix ist eine willkommene Abwechslung zum manchmal doch recht eintönigen Training. Außerdem lässt sich schon einmal feststellen, wie gut die Konkurrenz bisher trainiert hat.

Nach dem Sommer-Grand-Prix geht es wieder auf die Mattenschanzen, manchmal bekommen die Athleten auch noch einmal ein paar Tage frei zum Ausspannen.

Ab in den Schnee

Im Herbst heißt es dann »Warten auf den Schnee«. Anfang Oktober reist das Team meist nach Skandinavien, wo oft schon Schnee liegt und die Schanzen »winterfertig« präpariert sind. Jetzt stehen vor allem Materialtests im Vordergrund. Wie läuft der Ski im Schnee? Wie schnell kommt der Springer

damit die Anlaufspur hinab? Wie gut klappt die Landung? Sven Hannawald hat sich vor dem Saisonstart für die Skimarke Rossignol entschieden und war bereits nach den ersten Tests auf Schnee zufrieden mit den neuen Brettern. Auch die Anzüge stehen noch einmal auf dem Prüfstand, alles soll zusammenpassen. Vor dieser Saison hatte der deutsche Kader die Möglichkeit, im Windkanal des Sponsors Audi in Ingolstadt aerodynamische Versuche durchzuführen und die optimale Haltung bei Anlauf und

»Speed-Freak« Sven Hannawald: Nervenkitzel im Formel-3-Wagen, beim Fallschirmspringen (unten) und auf dem Mini-Motorrad (linke Seite).

Flug herauszufinden. Auch im Skispringen hat Hightech schon Einzug gehalten.

Die Ungeduld wächst von Tag zu Tag: Nach vielen Monaten des Übens und Testens wollen die Springer endlich wieder in den Wettkampf.

Sven Hannawald im Wettkampf

Der Weltcup startet Ende November in Skandinavien. Natürlich weiß niemand so recht, wie gut oder schlecht die Konkurrenten in Form sind oder wie gut die eigene Verfassung ist. Und so herrscht natürlich vor dem ersten Weltcup-Springen des Winters gehörige Anspannung.

Auch die Vorbereitung auf ein Springen selbst wird beim deutschen Team akribisch durchdacht, denn es soll alles stimmen.

Ruhe vor dem Wettbewerb ist das oberste Gebot. Und seit Skispringen so populär geworden ist, muss an manchen Weltcuporten sogar Security-Personal das Hotel der Mannschaft um Sven Hannawald bewachen.

Bis vor drei Jahren haben die Springer ihre Skier noch selbst präpariert, aber aufgrund der vielen Termine, die die Athleten zu absolvieren haben, hat der Skiverband Peter Lange engagiert, der sich um die Latten der Springer kümmert. Schon am Abend vor dem Springen beginnt er damit, die Bretter zu schleifen und zu wachsen. Sobald die Springer an der Schanze angekommen sind, werden Imitationen durchgeführt. Die Springer simulieren einen Absprung, werden von Co-Trainer Wolfgang Steiert »aufgefangen« und schweben einige Sekunden getragen vom Coach durch die Luft, bevor sie im Telemark »landen«. Das soll den Sportlern die Bewegungsabläufe eines Sprungs in Erinnerung rufen.

Die Sprunganzüge werden erst kurz vor dem Wettbewerb angezogen, da das Material nicht sehr gegen Kälte schützt. Sobald aber der Anzug übergestreift ist und die Skier geschultert sind, wird der Weg hinauf zum Anlaufturm angetreten. Hier ist volle Konzentration angesagt. Die Springer bemerken meist nicht einmal mehr den Kollegen, der neben ihnen steht oder neben ihnen herläuft. Nur der bevorstehende Sprung hat Platz in den Köpfen. Einige Übungen lockern noch einmal die Muskulatur. Dann sitzt der Springer auf dem Balken. Er hat die Skier angeschnallt, überprüft noch einmal die Bindung, checkt, ob der Helm richtig sitzt und wartet auf das Zeichen des Trainers. Hier ist die Höchststufe der Konzentration erreicht.

Trotz Techniker Peter Lange im Team lassen es sich Sven Hannawald und Martin Schmitt nicht nehmen, ihre Skier manchmal selbst zu präparieren

ROSSIGNOL
Audi
50

Der Flug ins Rampenlicht

Bald kennt jeder Hinterzarten

Der Sieg der Vierschanzentournee hat Sven Hannawald fast über Nacht so bekannt gemacht wie Franz Beckenbauer oder Boris Becker. Und da der 27-Jährige noch Single ist, gehören zu seiner Fangemeinde vor allem junge Mädchen, die ihm unzählige Liebesbriefe schreiben. Privat führt »Hanni« kein extravagantes Leben.

adidas

»Hanni« weiß genau, wem er es zu verdanken hat, dass seine sportliche Laufbahn nicht 1997 beendet wurde. Bundestrainer Reinhard Heß war auch dann noch von den Fähigkeiten des jetzigen Überfliegers überzeugt, als niemand mehr an ihn glaubte.

Noch immer bewohnt er sein kleines Appartement in Hinterzarten und kümmert sich perfekt um seinen Haushalt. Waschen, kochen, bügeln, putzen – alles macht er selbst und ist deshalb auch zu Deutschlands Wunsch-Schwiegersohn Nummer eins avanciert. Heimtrainer Wolfgang Steiert erzählt gerne, dass er keine andere Junggesellen-Wohnung kennt, die so sauber aufgeräumt ist wie die seines Schützlings. »Das kommt von meiner Erziehung«, sagt Hannawald, »ich bin froh, dass ich das von zu Hause mitbekommen habe«. Besonders gerne aber bäckt er; auf seiner Homepage www.sven-hannawald.de finden sich einige seiner Lieblingsrezepte.

»Er ist sehr ausgeglichen, immer einschätzbar und viel pflegeleichter als Dieter Thoma oder Jens Weißflog«

Reinhard Heß

Das Image vom netten Jungen von Nebenan bestätigt ihm auch sein Trainer Reinhard Heß: »Er ist sehr ausgeglichen, immer einschätzbar und viel pflegeleichter als Dieter Thoma oder Jens Weißflog.«

Mit dieser Einschätzung hat Sven Hannawald kein Problem, aber die Behauptung, er sei kein Siegspringer, sondern lediglich »lieb, nett und ohne Killerinstinkt«, wie es immer hieß, hat er spätestens bei der Vierschanzentournee 2001/02 für unwahr erklärt.

Vom Wettkampf- und Trainingsstress ausspannen kann »Hanni« am besten vor dem Fernseher, wo er sich gerne Comedy-Sendungen ansieht.

Aktiver geht es schon bei seinen anderen Hobbys – neben Backen natürlich – zu, nämlich beim Fußball, Tennis, oder Inline-Skaten. Musikalisch steht er auf die Hits aus den Charts (Pop und Hip-Hop). Vor allem auf den Fahrten oder Flügen zu den Weltcups vertieft er sich gerne in ein Buch, wie zum Beispiel »Das Schweigen der Lämmer«.

Zwar springt er von den größten Flugschanzen der Welt und segelt über 200 Meter weit, doch das Fünf-Meter-Brett im Schwimmbad nötigt ihm großen Respekt ab.

Im Sport ist er immer auf der Suche nach dem perfekten Sprung. »Es gibt immer kleinere Fehler«, so Hannawald. Er selbst charakterisiert sich als ehrgeizig und gibt zu: »Auch einmal stellenweise krankhaft ehrgeizig, wo ich dann wirklich auch mal ein bisschen überreagiere.« Wenn es einmal nicht so gut läuft, sieht man ihm das an. Er grübelt, überlegt und es ist sehr schwierig für ihn, schlechte Leistungen einfach abzuhaken. Dazu Reinhard Heß: »Wir haben Sven während der Tournee immer wieder erklärt: ›Du bist im Moment der Beste‹. Wir wollten ihn davon abhalten, wieder ins Zweifeln zu kommen.«

Obwohl Reinhard Heß bei der Zimmerbelegung »rotiert«, belegen Sven Hannawald und Martin Schmitt bei den Reisen oft gemeinsam ein Doppelzimmer. Trotz der Konkurrenz an der Schanze sind die beiden gute Freunde – das merkt man auch beim Feiern mit Wolfgang Steiert (linke Seite).

Von seinem Vorbild aus Kindheit und Jugend (Skispringer Matti Nykänen) hat er sich verabschiedet, heute bewundert er den englischen Fußball-Star David Beckham: »Trotz des ganzen Rummels um seine Person verliert er seinen Weg nicht. Und das ist ziemlich schwierig«, meint Hannawald.

Mittlerweile ist er selbst auch in diese Region der Popularität vorgestoßen. Der neue Sportstar: »Es ist ein schönes Gefühl wenn man gefragt ist. Das gefällt mir.« Eine konkrete Vorstellung, wie es nach seiner sportlichen Karriere weitergehen soll, hat er noch nicht. Bis 2006 soll es aber mindestens noch weiter gehen mit dem Skispringen.

Mit dem Preisgeld, das er bis jetzt gewonnen hat, will er sich in einigen Jahren seinen Traum erfüllen: Nämlich ein großes Haus bauen und darin irgendwann mit seiner (noch nicht vorhandenen) Familie leben.

Die »Springer-Boy-Group« mit ihrem »Chef« Sven Hannawald. Skispringer werden verehrt wie Popstars, hier posieren sie auch wie Chart-Stürmer.

Über seinen Sieg beim Sommer-Grand-Prix an der Hinterzartener Adlerschanze hat sich »Hanni« besonders gefreut.

Unter der Adlerschanze

In der Schwarzwaldgemeinde Hinterzarten fühlt sich Sven Hannawald sehr wohl. Hinterzarten ist Deutschlands Zentrum des Sommerskispringens. Seit 1982 ist die dortige Adlerschanze Schauplatz eines jährlichen Sommerskispringens, bei dem die gesamte Weltelite dabei ist. Hinterzarten ist die Wiege des FIS-Sommer-Grand-Prix , der erstmals 1994 durchgeführt worden war. Hinterzarten ist fester Bestandteil des Sommer-Grand-Prix geworden, in den letzten Jahren fand sogar immer der Auftaktwettbewerb im Schwarzwald statt.

Außerdem ist die Adlerschanze Zentrum des Olympiastützpunktes und bietet Sven Hannawald optimale Trainingsbedingungen direkt vor der Haustür.

Springen auf der Matte

Die erste Mattenschanze der westlichen Welt wurde 1957 in Bischofsgrün in Oberfranken gebaut. Um international konkurrenzfähig zu bleiben, haben die deutschen Spitzenspringer schon damals immer regelmäßig dort trainiert.

Die in den zwanziger Jahre errichtete Hinterzartener Adlerschanze wurde nach mehreren Sanierungen Ende der siebziger Jahre zur Mattenschanze ausgebaut. Das Bundesleistungszentrum Herzogenhorn benötigte dringend eine Mattenschanze, um den Skispringern des Schwarzwaldes optimale Trainingsbedingungen zu garantieren.

Seitdem befindet sich auch in Hinterzarten eine im Sommer sprungtaugliche Anlage, die 1982 mit einem Eröffnungsspringen, zu dem viele Springer aus zehn Nationen angereist waren, eingeweiht worden war.

1998/1999 wurde die Anlage noch einmal umgebaut und vergrößert. Der Kalkulationspunkt liegt jetzt bei 95 Meter, Weiten bis zu 115 Meter waren ab jetzt möglich. Den Schanzenrekord hält der Japaner Noriaki Kasai. Er landete beim Sommer-Grand-Prix 2000 bei 112,5 Metern.

Der erste Sieger nach dem Umbau war übrigens der Lokalmatador selbst: 1999 gewann Sven Hannawald den Auftakt des Grand-Prix in seinem Heimatort und holte sich später auch den Sieg in der Gesamtwertung.

Hier fühlt sich Sven Hannawald richtig wohl. Der gebürtige Erzgebirgler ist im Alter von 20 Jahren in die Schwarzwaldgemeinde Hinterzarten gezogen, wo er auf der Adlerschanze optimale Trainingsbedingungen vorfindet. Der Sommer-Grand-Prix in Hinterzarten ist vor allem wegen ihm ein beliebte Veranstaltung: »Hanni« ist der Liebling der Fans (unten).

Sommerspringen in Hinterzarten – das ist auch immer eine große Party. Zahlreiche Skisprung-Fans genießen es, die Stars herabsegeln zu sehen, ohne in Kälte oder Schnee stehen zu müssen. Stattdessen scheint meistens die Sonne und es ist angenehm warm.

Und ganz sicher wird beim Sommer-Grand-Prix 2002 in Hinterzarten ein ganz besonders großer Besucheransturm zu erwarten sein, denn dann wird auch der »Grand-Slam«-Sieger Sven Hannawald wieder dabei sein. Am Abend wird gefeiert, der kleine beschauliche Erholungsort im Schwarzwald wird zur Partyzone.

Die Springer selbst wollen das Springen im Sommer nicht überbewerten. »Klar, ist es schön, bei diesem Wetter zu springen«, meint Sven Hannawald, trotzdem sei er bei diesen sommerlichen Temperaturen lieber im Schwimmbad.

Skispringen im Sommer ist ja gut und schön – aber ein Sonnenbad findet Sven Hannawald dann doch manchmal angenehmer.

adidas

SIEMENS
mobile
FISCHER

ruhrgas
FIS WORLD CUP SKI JUMPING
presented by

Lektorat und Bildredaktion: Pierre Sick
Projektmanagement: Stiebner, München

Layout & DTP-Produktion:
Kommunikation & Design, München

Alle Abbildungen im Innenteil und Titelbild:
Sammy Minkoff

© 2002 Copress Verlag
in der Stiebner Verlag GmbH, München
Alle Rechte vorbehalten.
Wiedergabe, auch auszugsweise, nur mit
ausdrücklicher Genehmigung des Verlags.
Projektmanagement/Herstellung: Stiebner, München
Printed in Germany
ISBN 3-7679-0680-5
www.copress.de